Beinahe von selbst

Stephan Kessler

Beinahe von selbst

Gedichte & Fotos

Bibliografische Information der Deutschen Bibliothek:
Die Deutsche Bibliothek verzeichenet diese Publikation in der
Deutschen Nationalbibliografie; detaillierte bibliografische Daten sind
im Internet über <http://dnb.ddb.de> abrufbar.

Stephan Kessler
Beinahe von selbst
Gedichte & Fotos

Herstellung und Verlag: Books on Demand GmbH., Norderstedt
ISBN 3-8334-2860-0

Inhalt

Vorwort

„Alles Gute ist kostbar, und die Entwicklung der Persönlichkeit gehört zu den kostbarsten Dingen. Es handelt sich um das Ja-sagen zu sich selbst!"

C.G.Jung

Augen, Blicke

Da er sich
wendet verliert
sich sein Schauen im
Schatten

Wie er
den Blick von
neuem gefasst
den Kopf ein
wenig hebt

geistert von
windbewegtem
Fenster reflektiert ein
Lichtstreif ziellos am
Boden umher

Der trifft sein Auge

Ein Windhauch
berührt seinen
Scheitel

Er greift
sich verwundert
ins Haar

und starrt
gedankenverloren

ins Leere

Einen Nachmittag

Gut ist's, sich zerstreun,
wandeln an der Luft:
Falter, Blütenduft,
keine Rast zu scheun.

Fröhlich Vogelsang,
Arm in Arm spazier'n,
Muße zelebrier'n –
ein paar Stunden lang,

einen Nachmittag:
Frohsinn, Wochenend,
strahlend' Firmament,
Zwitschern, Froschgequak.

Verweht

für Erika Kobis

Sie wollt' mir ein Geheimnis sagen –
der Wind trug's mit sich fort.
Ich mochte nicht den Wind befragen:
„Was war das für ein Wort?"

Ich ließ es einfach so geschehen –
wie's war, so war es recht!
Der Wind mag manches noch verwehen,
ob's wichtig scheint, ob schlecht.

Schwarze Locken
gleiten zu Boden:
Silberne Schere
lichtet ihr das Haar

Es bricht Bahn
sich die Sonne
durch die Gardine
bezeichnet die
Schulter des
Mädchens mit
Netzen

Von kindlicher
Anmut umspielt
erzählen die
Augen des Kindes
ein Märchen

Noch tausend Monde verwittern im Meergrund
verödet die Sandburg im Watt
Das Meer geleitet den Segler hinaus
Die Sonne weist ihm die Richtung
und Winde fallen wie Streifen von Licht
auf den stummen Grund der Zeit

Die Hälse der Algen empor gereckt erblicken den Zweifel
und erschreckend ist das gebrochene Licht
in Wellen beim nahe gelegenen Ufer
Das herbstliche Blau des Himmels verschweigt den
    Schwimmer
und lautlos ertrinkt ein Hauch Liebe
in mir

(Für Klaus Gasseleder)

Manche Hoffnung

Im sterbenden Morgen geboren
erschrickt manche Hoffnung zu Tode
sucht plötzliche Nähe das Weite
vergisst der Gedanke zu sein

Allzu flüchtig

Das Leben nickt mir blinzelnd zu

wenn ich, mich bescheidend, am
fernen Horizont alsbald Erfolge
leuchten sehe, nachdem ich, der
oftmals des Daseins bitteren
Geschmack gekostet, nun
endlich eine Messerspitze von
des Lebens Süße erhasche

Es ist mir wohl bewusst:

Ein Stückchen Glück das
frohgemut ja dankbar
ich ergriffen zerbröselt
unversehens entschlüpft
als feine Krumen allzu
hastig meinen Händen

Scheu

Ich ließ den Alltag unbeachtet und
wandte mich der Seligkeit rasch zu
die lachte mich sogleich ergriff mit
solchem Schwung im Kreise drehte dass
ich verwirrt nicht wissend wie's gescheh'n ein
kleines Stück vom Himmel sah ...

Bald war sie fort so flink wie's nur
die Seligkeit vermag
die allzu seltne liebe Freundin die
wortkarg scheu geschwind. —

Weshalb ich meist nur von ihr träume ...

Wieder und wieder

Beizeiten kostest du aus:

den Salzgeschmack der Traurigkeit
die Bitternis kopflastigen Daseins

Wieder und wieder vermagst du auch

dich zu ergehen in der Süße von Träumen
zu trinken sattes Sonnenrot am Horizont deines Lebens

aufzuspüren manche Fährte aufrechten Handelns
die stete Hingabe an Reflexion um

zuweilen aus dem Ringen um rechtes Tun
als ein besonders Glücklicher hervorzugehen ...

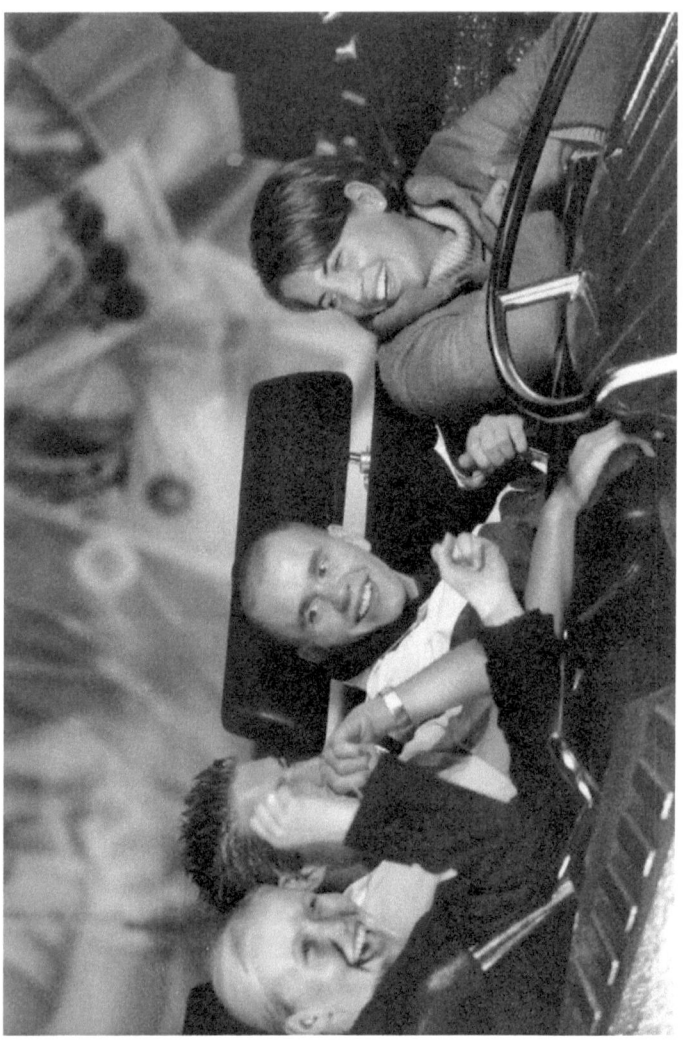

Ein Kind? Ein Mann? Ein Greis?

für meinen Bruder Alfred Sebastian

Ich laufe einher, wie ein großes Kind,
das findet nicht nach Haus.
Mal spiel ich Federball im Wind,
mal geh zum Ball ich aus.

Dann sing ich für mich leis',
weil ich auch jung sein mag.
Mal bin ich gerne Greis,
freu mich am schönen Tag.

Ich freu mich, dass ich bin –:
Ein Kind? Ein Mann? Ein Greis?
Nichts anderes im Sinn – –
wie war sie noch, die Weis'?

Stumm?

Am Abend des
endlosen Morgens
zur Stunde
die niemals begann
betrat ich die
nahende Ferne

und verabschiedete
die Begrüßung

mit beredtem
Schweigen

Die Worte die
niemals gesprochen
ich hörte sie
ungesagt

Ich setzte mich
stehenden Fußes
nieder und
habe lachend
mein Leid
geklagt

dass die Zeit
nun
gekommen sei

Ich küsse den Nachttau

Ich lobe den Tag
und den Nachtschlaf
ich lobe die Zeit

Ich steige hinab in die Tiefe
und sehe das Licht an
ob es mir noch gefällt

Ich steige hinauf auf den Berg
und prüfe das Dunkel
ob ich es noch leide

Ich heiße den Nebel willkommen
und küsse den Nachttau

Ich ziehe den Kreis
um den Tag

und tauche ein
in den Strom
allen Seins

Am Abend

Altwerden streift dich sanft –
so zärtlich wie ein Lufthauch
der unversehens deinen Arm berührt
am Abend zur Julineige

Bleib stehn!

Gibst vor, das Nein zu überhören,
das schroff dein Inn'res sagt!
Und gehst du weiter ins Verderben,
weil nur gewinnt, wer wagt ...

Und wirst du nie die Zeichen achten,
die groß steh'n an der Wand? –
Musst du noch immer weiter fehlen
mit der verführten Hand?

Doch, wenn gestrauchelt und gefallen
du wieder einmal bist,
beklagst du dich mit bitt'ren Tränen,
bis wieder du vergisst ...

Und bald schon hörst erneut du's rufen:
„Bleib steh'n, du gehst zu weit!"
Du siehst die Schwellen letzter Stufen,
doch endlich reift die Zeit,

da du besonnen nun hältst inne –
Genug, was du gefehlt! –
und stehst zurück, mit Demut im Sinne,
von ihr beherrscht, beseelt ...

Lass mich sein wie ein Baum

Lass mich sein wie ein Baum
wie ein Baum der beschirmt behütet

Lass mich sein wie ein Baum
im Boden verankert verwurzelt
widerstehend den Wettern
überdauernd
Blitze und Stürme
Fröste und Dürre

Lass mich sein wie ein Baum
standhaft bleiben
trotzen aller Gewalt

Lass mich sein wie ein Baum

Schatten

*für Paul Pfeffer und meinen
Bruder Alfred Sebastian*

Es huschen Schatten von
Gedanken vorüber vor dem
besonnten Hintergrund
der Erinnerung

Sie vergegenwärtigen frühere
Zeiten die lange abgelebt und
abgelegt sind in Erinnerungsalben

Ausgefranste Schatten gleich
einzelnen erinnerten
Bruchstücken von Gedanken –

Vor allem auch Schatten
weißer Kapitulationsfahnen

Meine List

für Irmgard Heise

Die Zeit springt mir davon
kaum dass ich sie noch greife
behäbig bin ich müde
Wie lang bleibt mir zu leben

Es ist bekannt: Nur List
bezwingt die rasend Zeit
Drum lach ich wie ein Kind
obwohl mein Haupt schon kahl

Den Kindern wirft die Zeit
die Jahre nach wie Tand –
Geschwind noch jener Trick
und rasch als Kind getarnt

Ob je die Zeit errät
was ich im Schilde führ?
Durchschaut sie dass ergraut ich
kein Kind beinah ein Greis

In weiter Ferne

Noch lange nicht wird dich umsäumen ewige Finsternis
wird dich beschatten des Todes Grau

Noch lange wirst du spüren den Atem der Hoffnung
wird dir lächelnd zuzwinkern dein Glück

Noch lange nicht wird erlöschen für dich der Abendstern
dein Herz ausholen zum letzten Schlag

Noch lang wird dir blühn ein Lächeln auf sorglosem
  Kindergesicht
werden grüßen dich Tage mit warmer Sonnenflut

Noch lange nicht wird erlöschen die Kraft
die dein Leben trägt

Melancholie

Die Schatten reichen
mir bis an die Schläfe
Sie nehmen mich gefangen

Sie legen ein Grau über mich
und geben Blässe
dem Gesicht
früherer glänzender Tage

Eingetrübte Zeiten hinterlassen Bitternis
eine Spur von Tristesse

verklingen leis
in Schräglage

Ausgeliefert

So wie ein freundlich Wort den bleichen Teint
des Wochentags pastellen tönt
vermag uns Sorgentrübnis andrer zuweilen
die eigne Seele zu bedrängen

Wie uns die Sonnenstrahlen umarmend
wärmen, das Gemüt erheitern,
so mag die Nebelblässe eines Herbsttags
uns trübe, überdrüssig stimmen

Und ab und an bricht tränennass ein Weh
ein Ach, das insgeheim wir aufbewahrt, aus uns
hervor, vom Wollen frei der Schwäche ausgeliefert,
wenn Herzensworte verstehn uns zu bewegen

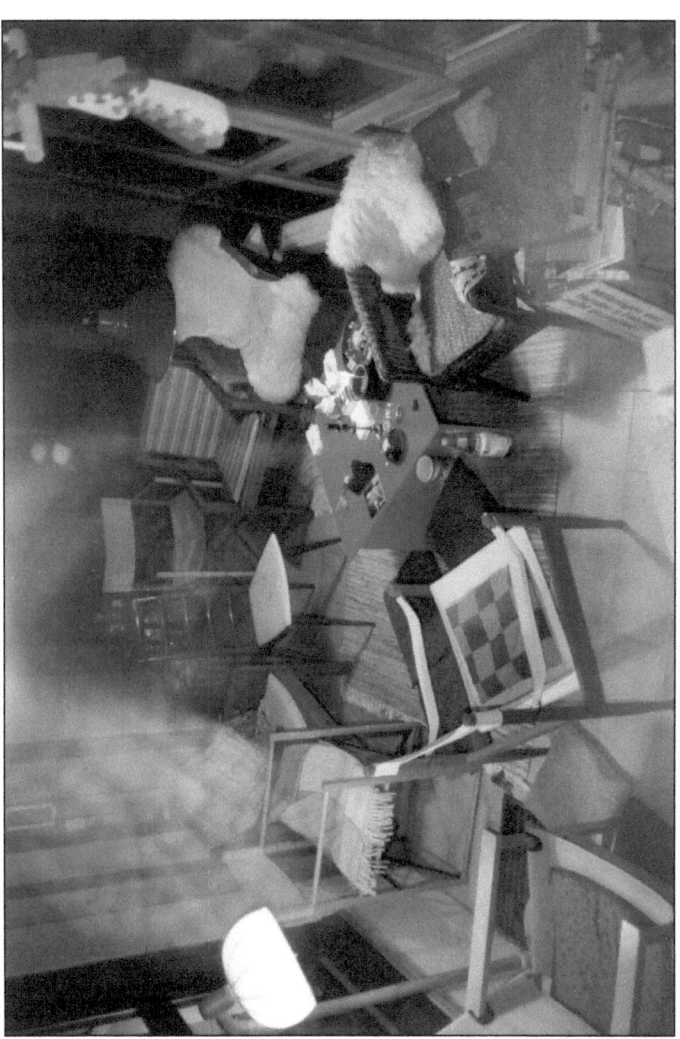

Vielleicht

Ich weine hinfort das Grau der Gedanken
Überreste Schmerz schürfenden Leidens
ich weine mich frei

für lang ersehnte Wärme

für nie enden wollende harmonische Träume
die meine Seele liebkosen
vielleicht aber nur

für einen Splitter vom Glück

Tränen

Tränen tropfen wie
Regen aus Augen herab
reißen Jammer und
Beklemmung mit sich
tragen den Schmerz die Angst
hinfort und Klage und Weh

reinigen Augen Gemüt
befreien Brust Kehle und Lippen

Tränennasses Auge erspürt
neuen Mut

Hinwendung

für Leopold Haerst

Wie oft du die Schönheit
des Lebens auch schaust
dich freimachst und öffnest und
mutig zur Fröhlichkeit aufschwingst
wie oft du seerosengleich das Trübe
vor deinem Blick zu ignorieren, dich
auszustrecken suchst nach
Licht Luft und Frohmut

so oft bist du befähigt lähmender
Verzweiflung zu fliehen
dem Dunkel dem Bösen in dir
zu entgehen und endlich
dich aufzumachen nach oben

Es sprachen die Wörter

Es sprachen die neuen die
unverbrauchten Wörter
ein Letztes zu dir

Sie standen in Büchern
und gaben sich fremd
als wären sie für mich
nicht geschaffen

Sie sagten kein einziges Wort

Sie lobten vielsagend schweigend
den Herrn der unter uns lebt

und rühmten auf gleiche Weise
das Licht und
die Sonne den Mond
und die Sterne

schließlich schwiegen sie still

Worte im Sinn und
auf den Lippen
ging ich fort

Vernichtet

für Pater Dr. Alfred Delp S.J. (1907–1945)

Es sprechen die Priester den Segen
für alle, die warten am Fluss.
Noch träumen die Blumen vom Regen,
doch Mücken surren Verdruss:

„Wer hat euch dies sagen hören,
was wir nicht zu denken gewagt?
‚Die Schuldigen werden schwören ...'
Wir haben die Schnecken gefragt" – –

Die Armen sowie die Reichen
erhoffen die Freiheit am Tor.
Auch Mutige werden erbleichen,
die Ängstlichen beten im Chor.

Die Häuser der Menschen erzittern:
verschüchtert – sie schweigen sich aus.
Gerechte hinter den Gittern
schleppt man gewaltsam hinaus. – –

Sie wurden alle vernichtet,
in Lager gezerrt, aufs Schafott. –
Die Mörder: selbst einst gerichtet:
Wer glaubt, sagt, der Richter heißt Gott.

Ich trag nicht alles in den eignen Händen

für Maria Schächer

Ich lausch' gespannt dem Wind vergangner Tage
und schenk' mein Ohr dem ganz besond'ren Klang.
Ich stell' mir selbst bedeutungsvoll die Frage:
War rein die Melodie, die's Leben sang?

Ich schreite fort auf meinem Lebenswege
und bleibe um das Gute stets bemüht,
welch' Tat Gott später in die Waagschal' lege,
was stirbt und was noch lange weiterblüht,

ich trag' nicht alles in den eignen Händen,
denn ohne Gottes Liebe geht es nicht.
Gott möge uns das Brot zum Leben spenden,
gewähren möglichst lang das Lebenslicht!

Ich müh' mich also, bleibe, gehe weiter
und bitte Gott, zu stehen mir zur Seit';
er segne mich, erhalte mich so heiter! –
Und, wenn am End' Gott ruft, es sei nun Zeit,

so werfe ich getrost mich ihm zu Füßen
und sage: Gott, auch jetzt ich dir vertrau',
ob du mich wirst belohnen, lässt mich büßen. –
Du bist's, den ich für ewig gerne schau'!

Christus will sein

für meinen Vater,
Dr. Ernst Viktor Keßler (1914 – 1993)

Hoffnung in der Finsternis
unserer Traurigkeit,

Tür aus unserer
vereinsamenden Sprachlosigkeit,

Weg aus dem Dickicht
unserer Selbstsucht. – –

Als Quelle göttlichen Lichts gekommen
vermag er die Düsternis in uns zu vertreiben,
lädt er uns ein zu weihnachtlicher Freude.

Wie ich hingegeben nach
innen hin horche
berührt mich ein
sanftes Sirren im Ohr

Vor blutesroter Ferne hüpfen
und purzeln freudig
die Mücken – Kinder
des Sommers ...

Die Sonne verliert sich und
mit ihr der Tag

Ohne eigenes Zutun ...

... verfängt sich ein rostbraunes
bereits vom herbstlichen Tod gezeichnetes Ahornblatt
in verfärbten Blättern der Staude

 ... geben sich kürzere Tage an längere Nächte hin

... legen Pflanzen gemächlich Leben aus der Hand,
erhalten es einst von neuem zurück ...

... vollendet sich zusehends der Jahreslauf ...

Des Frühlings Wegbereiter

für Ursula Quecke

Aufgeblähter Drachen tanzt im Winde,
junge Hände zerren an der Schnur.
Uns beehren Herbst und sein Gesinde –
der Blätter Tod zieht farbenreich die Spur.

Erntedank mit reicher Frucht der Erde,
welche sie als Nahrung uns gebracht.
Menschlich' Leben so erhalten werde –
unsres Sterbens sei im Herbst gedacht:

Sei gerüstet, du wirst einmal gehen,
nur wer los lässt, macht sich wirklich frei.
Junges Leben wird der Frühling sehen,
Lebensfreude, Blüten schenkt der Mai!

Ob wir jene Freuden noch genießen?
Kennen wir des eignen Schicksals Plan?
Herbst zeigt uns Vergehen, Frühjahr Sprießen –
hier stirbt dies – und dort fängt jenes an!

Von Sonne beglänzt

Nächtens schlagen Fröste
Brücken von Eis
über schmale Seen

Überschwänglich
ergießt sich
kristallnes Weiß
am Tag,
türmt sich auf
erblaut's
von Sonne beglänzt

Dank an die Sonne

Die Sonne
sie neigt sich in Liebe uns zu
streckt sich wärmend nach uns aus
gibt Leben unseren Tagen

Die Sonne
sie gibt Farbe unserem Alltag
trocknet bittere Tränen
wärmt unser frierendes Herz

Die Sonne
sie schenkt uns ihr Abendrot:
ihr Glanz berührt uns
verlockt uns zum Innehalten und Schauen

Die Sonne
sie richtet sich vor unserem Auge das Bett
und versinkt als roter Ball in der Ferne

Abenddämmerung

für Paul Pfeffer

Der Tag streift ab Azur
und Glanz

Abend tritt ein
mit Kühle umhangen

Allseits noch Amselgesang

Scherenschnitte
vor lichtem Horizont

Der Spätabend säumt
See und Hügel
mit silberblauer
und mit
schwarzer Seide

Südlicher Abendeintritt

für Hildegard und Harald W. Kessler-Bobb

Wenn das Vogelvolk verstummt
tritt die Abendstille ein
leichte Kühle im Gepäck
färbt das Haar der Himmel sich –

Heimlich gibt der Sommer noch
abends spät ein Stelldichein
hüpfen Blätter windbewegt
tänzeln Mücken nah am Licht

zittert letzter Tagesglanz
in des Wassers Spiegelbild
das am Brunnenrand sich regt
Zart erfüllt der Grille Lied

diese laue Sommernacht
zieht die Spinne Strick um Strick
ihrer Falle arbeitsam –
schwärzt die Nacht das Firmament

Rosen

Die Rose der Sehnsucht
erfüllt uns im Alltag
Zwischen den Hecken
duftet's nach Freude

Von den Bäumen
segeln Blätter
des Frohmuts in
Farben des Glücks

und aus den belebten
Wellen des Teiches
winken uns Rosen
der Liebe

Begrüßung

Ich trete hinaus in die Stille und warte auf dich

Die Sonne lacht herüber Wolken
grüßen und Wiesen laden zum Weilen

Der Wind trägt die Zeit im Fluge davon
Mein Blick umfängt dich liebkosend

Du blinzelst mir zu und breitest ein
Lächeln über meinen heutigen Tag

Was trieb deine Braue in meinen Blick
Was trug dein Lachen zu mir her
Wie kam ich zu dem güldnen Ring
Weshalb branntest du dich in mein Herz

Mein Engel

für meine Frau

Deine Blicke streicheln mein Schauen
liebkosen mich

dein Verzeihen
belebt meine Treue

und deine Liebe, mein Engel,
beflügelt die meine

Wir Künstler

Wir sind vereint im Wesen unserer Liebe. –
Wer kennt das Bild das uns die Zukunft malt?
Wer mischt die Farben ja wer führt die Hand?

Wir sind es selbst und unser beider Tun:
Gedankenvoll dem andern zugewandt
ein jedes Wort das unsern Mund verlässt

die Opfer die wir der Liebe überbringen
die Güte, Treue welche wir einander schenken.
Wir führen das Gemälde aus:

bestimmen Harmonie im Spiel
von Farben Formen Stil
ob das Pastell'ne überwiegt

ob eher dumpf die Töne – –
Wie lang bleiben unsre
Hände rege?

Das ungeborene Wort

Ich hörte den Ruf
der inneren Stimme

das Ungesagte
meldete sich
bei mir
zu Wort

befahl mir
ihm Gehör zu verschaffen

es, das Ungesagte,
in Worte zu kleiden

das durch Sprache
Unberührte

das niemals bisher
Gedachte

das ungeborne Wort

Ich gab ihm nach gehorchte

Ich formte den Gedanken
und brachte ihn
über die Lippen

Beinahe von selbst ...

... erfassen erinnernde Stimmungen, Bilder, Gedanken
einen Poeten sodass er von freudigem Eifer beflügelt
im Glücksfall ein Kunstwerk vollbringt

... fügen sich unter den Händen des Dichters
rhythmisch gesetzte Wörter in Verse
vollenden sich gar zum Gedicht

Aus heiterem Himmel erleuchten Geistesblitze den
Künstler, den Demut zuweilen läutert, da er
sich den Regeln der Kunst unterwirft

Verzeichnis der Fotos

Titelbild: „Gestrandet 2", München, 2001; verfremdet, Fotobearbeitung: 2005

1. Foto: „Fasching", München, 2001

2. Foto: „Bunte Stühle", München, 1999

3. Foto: „Obenauf", München, Oktoberfest 2000

4. Foto: „Happy", München, Oktoberfest 2000

5. Foto: „Verliebt", München, Oktoberfest 2000

6. Foto: „Schattenmann", München, 2004

7. Foto: „Birken", Dinslaken / Niederrhein, 1986

8. Foto: „Autoschlange", Frankfurt / Main, 2000

9. Foto: „Mehrfachspiegelung", Zugfahrt von Frankfurt / M. nach München, 2002

10. Foto: „Bunte Stühle", München, 1999

11. Foto: „Harmonie II, bei Regenguss", München, 1999

12. Foto: „Pfosten", Göttingen, 2001

13. Foto: „Eistummelei", München, 2005

14. Foto: „Fachwerk", Göttingen, 2001

15. Foto: „Hollandidyll", Niederlande, 1989